그대는 향기

김순향 제2시집

1쇄 인쇄 / 2025년 11월 20일
1쇄 발행 / 2025년 11월 25일

지은이 / 김순향
펴낸이 / 김주안
펴낸곳 / 도서출판 진실한사람들
주소 / 경기도 하남시 미사강변서로 25, 926호
　　　(미사테스타타워)
Tel / 031-5175-6210
Fax / 031-5175-6211
E-mail / munvi22@hanmail.net
등록번호 / 제300-2003-210호
ISBN 978-89-91905-00-9

값 13,000원

그대는 향기

김순향 제2시집

도서출판
진실한 사람들

| 책 머리에 |

    그렇게 덥던 여름도 제 갈 때를 알고 말없이 물러나 선선한 아름다운 계절 가을을 선물로 받고, 또 하나 더하여 제2시집의 탄생 풍성한 선물 한아름 안고 인사드립니다.
    스산스산 초겨울 포근한 이불이 되어 감싸안아 줄 것 같은 아늑한 울타리 따뜻한 난로 앞에서 한 사람 한 사람 스쳐간 이에게 고마움 말로 다 전할 수 없어 제2시집을 통해 인사드리게 되어 다시 한 번 고맙습니다.
    글 안에 와 주신 님의 생각 동무 생각 그대는 늘 보배입니다.

    어느 해보다 칠십이라는 숫자 앞에 내려놓을 건 과감히 내려놓자 먹은 마음 어깨 위에 날개를 단듯이 한결 가벼운 발걸음 내딛습니다.
    손꼽아 간직할 고마움과 감사 큰 사랑 놓치지 않도록 서랍 윗자리에 두고두고 볼 때마다 행복 충전될 것입니다.
    책이 나오기까지 글 나누기에 도움주신 김주안 국장님, 장흥순 선생님께 깊이 감사드립니다.

다시 한 번 저의 시간이 되어주신 남편 택영 님 첫째 수진 작은 희진 책 같이 읽자 곁에 와 생글생글 가장 예쁜 꽃 손녀 제이 다인 사랑해.
  한소절 한소절 엮어가는 글 안에 밑그림의 자리에서 아낌없이 뒷받침 되어준 사랑에 고맙습니다.

2025. 11. 25.
깊은 가을 즈음에

차례

책 머리에 | 4
발문 | 김주안　132

1부　그 사람 옆에 이 여자

재봉틀　13
그대는 향기　14
철옹성　15
그랜맘　16
유산　17
높이 더 높이　18
언니야　19
붕어빵 사랑　20
베틀바위　21
솜씨 자랑　22
채전밭 맨드라미꽃　23
흔적　24
햇살 내린 툇마루　25
그 사람 옆에 이 여자　26
나그네 한 사람　28
감나무 꽃밭　29
두근두근 입학식　30
축배　31

2부 봄날에서 봄날

봄 따라 나선 아이　35
봄날에서 봄날　36
기지개 활짝　38
아지랑이 피어오더니　39
춘삼월인데　40
봄 기다리는 과수원　41
철쭉아　42
풀꽃　44
꽃무덩이　46
앞산 나리꽃　47
꽃밭　48
호박잎 뒤에 숨은 애동이　49
구월의 연가　50
국화 앞에서　52
시월 예찬　53
아름다운 강산　54
억새밭 길　55
마른 잎새　56
십일월의 봄　57
앙상한 가지　58

3부 서울 온 문동아

우리들 이야기   61
서울 온 문동아   62
백야의 소녀   63
죽마고우   64
통학생과 대합실   65
어제 같은 우정   66
수학여행   68
희미한 약속   69
처음 본 꽃처럼   70
향수   72
아직도 너는 여섯 살   74
접시꽃 손님   75
아슬아슬   76
야생화   77
참새와 매미   78
트리하우스   79
사랑초 사랑   80
바람 속에 눈 속에   81
산 도랑물   82
동해의 푸른 물결   83

4부 순명의 꽃

열두 광주리   87
에덴동산   88
순명의 꽃   90
등불   92
바람이 하는 말   93
전설의 노래   94
조각 비누   95
지구가 아프다   96
은빛 여정   98
무한리필   100
간이역   101
스카프 두르고   102
언제 온 줄 모르고   103
언덕 위에 파란 물결   104
다락방   105
속수무책   106
미처 몰랐습니다   107
니 맛도 내 맛도   108
산동네   109

5부 안경 위에 돋보기

아리랑 길   113
건배를 부르는 맛   114
바람 풍선   115
데이트 부르는 날   116
술래가 온다   117
원두막 집에서 휴식   118
밀당   119
미움도 성냄도   120
안경 위에 돋보기   121
수호천사   122
힐링에서 얻은 지혜   124
화문석 위에 날아든 새   125
동네 한바퀴   126
뜨거운 함성   127
손빨래   128
솥적다 솥적다   129
영시의 종소리   130
바람이 부는 대로   131

1부

그 사람 옆에 이 여자

재봉틀

도르륵 도르륵 찻방에서 들려오는 북실 감는 소리
재단 따라 마음 따라 새 옷 지어주는 바쁜 손길
헤진 팔꿈치 고운 색 둘러 박혀 내놓은 새 얼굴
똘방똘방 반짝 눈망울 기분 내는 야옹이
덧대 기워진 무릎 위에 폴짝 귀 쫑긋
오물오물 입맛 다시는 토실이

곱게 접어 윗목 자리 이 밤 자고 나면 개구쟁이 오빠 따라
시나브로 문턱 닳도록 나가 놀 생각
꾸벅꾸벅 무거운 눈 비비고 아침을 기다리는
미워할 수 없는 앙증이
초롱초롱 왕눈이 날 밝자 골목골목 동네 한 바퀴
곱게 지어낸 어머니 손길 선하게 그려지는 밤

그대는 향기

한시절 고스란히 안고 불꽃처럼 활활 열정으로 열성으로
일렁일렁 그윽한 향기로 그늘이 되어준 안식처
멀어져간 시간 모두 고운 향기 남겨 놓은 자리
가끔 잊혀져 갔지만 때로는 슬프도록 때로는 기쁨으로
이만 치에 서서 보니 아득한 그리운 옛날

갈 수도 볼 수도 없는 마음 안에 향기
어떻게든 그대 향기 다 불러볼 생각입니다
지그시 눈 감고 가슴 적셔오는 현재와 과거 사이
멀리 있는 그대 렌즈 안에 들어온 모습
여전히 향기의 손짓으로 웃고 있어요
곁에서 보니 은은한 백련꽃 난 향기 가득 품은
그대 향기 깔아놓은 실크로드 길 따라 사뿐사뿐

철옹성

시절이 그랬거니 짐작도 되나 뿌리 깊은 유교에 베인 삶
무심히 오는 길 등 뒤에 들리는 헛기침 소리
짧게 던져온 말속에 사랑을 넘어 걱정걱정 알면서도
화 나버린 딸 속도 모르고
버글대던 마실 총각 오라버니 틈새 노심초사 딸 걱정
당신의 깊은 마음 다 읽었어요
당신 걱정에 성내고 미워한 적도 번번이

그때는 철옹성 높은 벽 이제사 이제사 곱씹어 보아도
분명 사랑이었어요
스스로 피할 자리 왜 몰랐을까요
그래도 걱정도 당신 몫이었나 봐요
아버지 덕 입고 잘살고 있어요
철없었던 그때 미움이 훗날 사랑 가득 철들게 했어요
눈물 나게 고마운 당신의 넉넉한 사랑
이제는 걱정 내려놓아요

그랜맘(Grandmam)

쪼르르 오 원 들고 점방집 정 많은 할매집 어스름 골목길
달달한 오 원 알사탕 양 볼에서 춤추고
늑대다 호랑이다 꼬부랑할매 이야기 시작되는 밤
무서워 와르르 오글오글 사정없이 이불 속으로
이어지고 이어지는 끝없는
호랑이 담배 피울 적 시절 이야기
설설 끓는 아랫목 매콤 달달한 이야기 맛 속으로
눈빛만으로 숨소리만으로 금세 낫게 한 할매 손 약손

겁먹은 얼굴 조금씩 화색이 돌아오고
낳은 여식 하나 없이 그 많은 정 어디서
동네 아이 당신 손주 하나하나 거둬보는 사랑꾼
따사로운 옛날 옛적 이야기 고이 접어 품에 넣고 종종걸음
고스란히 남겨진 이야기보따리
만능 그랜맘 오집할매 세월 따라 홀연히 저 먼 길로
할매 있던 시절로 가 보는 옛이야기 길

*오집 점방할매 애칭~ 5원 가져가도 살 거리가 있는 가게

유산

초록 접시 만지작만지작 손바닥 위에
작은 종재기 올려보고
차곡히 쟁여놓은 손길 지금 어디에 정만 남겨두고
고방에 걸린 대소쿠리 그리움 한가득 담긴 채
다가오는 옛 향기 한없이 느껴오는 숨결

한점한점 두고 본향에 가신 빈자리
이승에 남겨진 다듬잇돌 한켠에 싸늘히 먼지 입은 채
쟁쟁히 들려오는 다듬이 소리
시렁 위에 새끼줄 힘없이 늘어뜨린 어깨 고요히 숨 쉬고
그리움은 옛날에 걸어두고 아른아른 웃던 얼굴

그 많은 손길 큰사랑 따라가기 더딥니다
반짝이는 문명 사이 유난히 돋보이는 투박한 약탕기
지금 내놓아도 빠지지 않는 한 인물 가는 놋재기
소중한 사랑 소중한 유산 보기 좋은 자리에
옛날의 정 고풍스런 멋 다 지니고 고운 웃음 짓네요

높이 더 높이

휘영휘영 유유히 하늘하늘 긴꼬리 가물대는 연들의 자유
쫓기듯 걷다가 먼발치 서서 연놀이 구경 쉬어가는 길
언뜻 눈에 익은 낭창낭창 아련아련 오라비연
높이높이 잘 날라 소망 고이 싣고
뚝딱 큰손자 손에 하나 뚝딱 막냇손자 손에 하나

방패 가오리연 꼬리 살살 애교쟁이
끝없는 손자 사랑
할배 손끝에 달린 사랑의 열매
사금파리 곱게 찧어 연실에 풀 먹이는 정성
바람아 잘 불어다오 내일을 기다리는
연 시합 경주 진심인 얼레와 형제에게 응원
팽팽히 감긴 연 자세 단단한 각오 야무진 꿈
곁에 앉아 소소한 심부름 거드는 동생 향이

언니야

언니야 하고 부를 언니 없는 그 중에 한사람
속말 내놓을 언니 없는 빈자리
물려받은 언니 옷 입고 투덜투덜
성난 친구 투정마저 부러운 눈빛
그네 언니 지나간 자리 은은한 영양 크림 향내
향기로운 언니 냄새
언니야 부르는 뒷모습 따라 물끄러미 혼잣말
좋겠다 좋겠다

언니 없는 갈증 고개 떨구고 슬며시 엄마 곁으로
말벗으로 친구로 꼭 감싸주던 손길
위로자 친구 같은 둘도 없는 사이
빈 마음 채워주고 달래주고 토닥토닥
언니야 되어주던 좋은 옆자리
등 뒤에 언니야 소리에 깜짝 폴짝폴짝 뛰어오는 동생

붕어빵 사랑

마음이 닮아 모습이 닮아 양지쪽 벤치 찾아 둘이 나란히
호호호 너 한 입 나 한 입 팥소 가득 통통 뱃살 할무니 차지 겉 바삭 속 촉촉 지느러미 손녀 입속으로
오물오물 달콤한 붕어빵 사랑 이야기 익어가는 온기
사진 속 풍경 다정하고는 슬픈 그림을 보고

달달한 이 맛 달달한 정 몰라주는 말 못 하는
답답한 포터의 눈
눈물 나게 빵 터져버린 달달한 웃음
옆자리 살며시 끼어든 연분홍 진달래 살포시 웃음 지어와
한자리 진한 핑크빛 사랑 나누고 온 자리
다정히 손잡고 공원 길 따라 꽃 노래 꽃 사진 속에서
붕어빵 사랑 이야기

베틀바위

바위산 언저리 어느 이가 베틀 져다 두고 갔나
환영한 베틀이 굳어 망부석인가
반눈 감은 체 밤 이슥 왈캉달캉 쟁쟁히 들려온 말씀
자장가 불러오듯 읊어지는 흥얼소리
곱게곱게 쪼개 가른 모시 삼줄
할매 어매 손이 이가 성한 데 없이
주야로 길쌈 삼아 이골이 난 베틀 앞에 어제 일 같이

한 필 한 필 짜놓은 정성 베옷 짓는 주름진 손
실패 잡고 날 샌 밤 그 세월 지어 입힌 베적삼 생각에
질금거리는 눈물 시절 이야기 아득히 들려오는
왈캉달캉 베 짜는 소리 다듬이 소리
아무 일 없었던 것처럼
의젓이 세월 굽어보고 서 있는 산 언저리 베틀바위

솜씨 자랑

호기심 발동 재빠른 손놀림 뜨개질 잘하는 옆집 언니 따라
쫄랑쫄랑 장에 나가 고운 털실 들고 벙글벙글
거창한 각오 손 안에 들어온 식구 수 대로
한코한코 걸 때마다 기적을 꿈꾸며
이참에 어머니 드릴 뽀얀 장미꽃 무늬목도리 준비
겁도 없이 야무지게 먹은 마음

뜨다 풀다 뜨다 풀다 손때 묻어 내놓기 부끄러운 손
콩닥콩닥 몰래 짠 뜨개 바구니 안고 깜짝 선물
활찐 핀 웃음 머금고 최고다 기 살려주던 우리 엄마
자랑도 힘도 주었던 나의 응원자 포근하다
어깨 위에 토닥토닥 곱기도 해라
솜씨 자랑 먹고 입꼬리 귀에 걸려 깡총깡총

채전밭 맨드라미꽃

좀체 바깥출입 어려운 길 나서온 친정
손잡고 들어선 외갓집 웃음 반 그리움 반
따스한 오누이 정
모습 뒤에 시큰거리는 콧등 눈인사 알아채시고
토닥토닥 따뜻한 외삼촌 손길
쪽문 넘어 채전밭 붉게 타오른 가장자리 맨드라미꽃
줄이어 나란히 너울너울 바람결 리듬 타고 시작된
왈츠의 춤

건너가 사이에 들어 살짝 들어 올린 치맛자락
하얀 살결 위로 간질간질 스쳐 가는 잔물결
아련히 어머니 처녀 적 모습이 아른아른
맨드라미꽃 필 때면 선하게 그려지는 채전밭 향기
붉게 물들어 주었던 파도의 물결 그 추억 그 시절에 누워
뭉게구름에 실려 떠나가 보는 외갓집

흔적

쓰다 보다 잊고 살다 소지하다 한 점 한 점 손에 잡힌
사십 년의 흔적
너 살림이다 잘 살아 잘 살아 쓰다듬어 주던 어머니 배웅
코끝에 흐르는 찐한 향기
공작새의 여유로운 날갯짓
붉은 양단지 위에 다시 날아온 나비
팔랑팔랑 나비춤 위로의 시간

무지개 피어나는 목단 꽃이 불 수반 위에 하나하나
꽂아보는 장식의 시간
발그레 색동 조각 방석 화사한 자리
핑크색 보랏빛 향기에 묻혀 오직 곱다는 말밖에
어머니 품 떠나온 세월에 기대어 스르르 눈 감고 그려지는
피붙이와 작별의 날
서울 새색시 되어오던 날 사십 년의 흔적 손끝에서
재롱재롱

햇살 내린 툇마루

그냥 지나가자니 옛사랑이 주저앉히고
쉬어가라 잡아준 햇살 내린 툇마루 젖어 드는 마음 한자락
햇살 위에 반반히 말려두고
땃땃한 차 한모금 그리움 타고 추억에 묻혀
잔잔히 밀려오는 은은한 퉁소 소리
해 저녁 툇마루서 들려오는 하모니카 불어주던 사랑

귓전에 돌다가 사그라드는 툇마루 다시 가 보는 뒷걸음
선하게 그려지는 자리
나란히 이마 맞대어 조곤조곤 옛이야기
흙먼지 툭툭 하얀 고무신 식구 수 대로 말끔히 세수 얼굴
햇살 받은 툇마루에 보송보송 종기종기
사랑이 묻어나는 옛날을 그리다 나선 자리

그 사람 옆에 이 여자

연분으로 맺어진 그 사람 그리고 이 여자
한 울타리 잡고 고비고비 넘기고 사는 재미
서로 조금 버팀목이 되었나 한 번씩 눈물로 대신한 대꾸
엉킨 마음 풀어주던 눈물 앞에 약해진 사람
살다 보니 닮아가는 건 어쩔 수 없나 봅니다
배려에 큰 선심 덕에

무심히 가고 있는 세월 은혼식 보내고 돌아서 보니
무조건 오고 마는 공손히 맞이해야 할 금혼식
제 가정 찾아 비워놓은 자리 옛날을 펼쳐놓고
한 장 한 장 넘기고 보니 힘든 보상 다 받은 날이 더많은
너스레 웃음은 흘러가고
지그시 감은 눈 속에 하나둘 아른아른 영겁의 시간

고마워요 감사해요 분명 은총 안에 힘입고 같이 살아온 날
흘러온 시간 여전히 멋있어 보이는 그 사람 옆에 이 여자
결혼사진이 내려다보고 그렇다고 웃어 주네요
남겨진 시간 안에 하나하나 그려놓은 작성표
잘잘한 입씨름 한나절 못가 믿고 살아온 정
또 이렇게 살자고 감히 먹은 마음 변하지 말아야 할 텐데

나그네 한 사람

수많은 총총 별 그중에 너 별 나 별 행운 티켓 거머쥐고
지구 마을에 내려앉은 나그네 세월의 무게
조금은 버거웠을
삼천 년 만에 피어난 꽃 같은 사람의 향기
서로서로 덕분으로 여기까지 온 것에 감사
향기 품은 길동무 만나 오래오래 즐거웠다고

곱게 접어 두고두고 꺼내 보는 좋은 날의 기억
나그넷길 이만했으면 괜찮았다 뒤돌아보지 않을 만큼
다시 가보는 목적지 기쁨의 꽃다발 한아름 성적표 안고
사뿐사뿐 떠나는 나그네 조용한 걸음 앞만 보고
한발짝 한발짝 종착지 본향을 향하여
한 점 부끄럼 없었으면

감나무 꽃밭

아이 눈 속에 비친 동네 안 제일 키 큰 감나무
반짝이는 나뭇잎 푸르름 더하여 청춘을 외친다
매일매일 감나무 자리 풀 한 포기 허락지 않는
감꽃만이 내려앉는 노할매 사랑 자리
앞마당 가로질러 재잘재잘 손잡고 뒷마당 나무 아래
이리 오너라 토닥토닥 양손 가득 감꽃 송이

오물오물 꽃물 짜 먹던 어여쁜 아이
언제나 그 자리 내일을 기다려주는 꿈나무
밤사이 불던 바람 꽃송이 걱정
새벽달 놓아주고 먼동이 오는 이른 아침
고물고물 톡톡 노란 팝콘 팡팡 터지는 소리
동네 안 웃음 보따리
한줄 실에 꿰어 세상 제일가는 빛나는 목걸이
한멋 부리고 다니는 동네 안 공주님

두근두근 입학식

복닥복닥 동네 안 개구리 철모르고 놀던 개구쟁이
조금은 설레고 조금은 두려운 세상 밖으로
코 수건 달고 입학식 마실 건너 마실 골목길 따라
손주 손 잡고 즐거운 만남 오일장 국밥집
막걸리 한잔에 이웃 동네 한 지 오래

분주한 이야기 마당 만장같이 넓은 운동장
웅성웅성 교정이 깨어나는 숨소리
새 학기 쭈뼛쭈뼛 어색한 사이 둘씩 손잡고
첫 만남 선생님 따라 쫄랑쫄랑 첫 교실 입성하던 날
처음 본 짝꿍 말 걸어와 수줍어 눈 못 맞추고
두근두근 붉어진 얼굴

축배

그것이다 한 것에 그것인 줄 예 하고 아니다 한 것에
그런 줄 예 하고
고비고비 살짝살짝 넘어 가준 것에 감사
그건 산다는 의미에 부치고 내리사랑 치사랑
젊은 날의 수고
동당동당 쉼 없이 걸어온 모두 귀한 시간
단고명 쓴고명 윗자리 아랫자리 샌드위치
생각 따로 마음 따로 차츰차츰 느려지는 걸음

내리사랑 곁에 와 나들이 가자 잡은 손
꽃쟁반에 웃음까지 듬뿍 피어나는 사랑의 향기
무거워 걱정걱정 택배 인사 문 앞까지
먼 길 걸어 여기에 젊음은 저 뒤에서 손 인사
두 팔 높이 들어 축배축배 후회 없는 손짓
나에게 감사장 나에게 보내는 박수
머리 위로 그려 올린 커다란 하트 하트

2부

봄날에서 봄날

봄 따라 나선 아이

봄꽃 활짝 다 피워놓고 하늘하늘 봄바람 타고
높은 가지 위에 꽃잎 우수수 낙하 되어 내려진 길 위에
소복소복 눈꽃송이 콧등 위에 살포시
머리 위에도 살짝 내려앉은 분홍 머리핀
떠나가는 봄을 보면서

앞서가는 아이 한걸음 걷다 그 자리 꽃잎이 자꾸 떨어지네
엄마를 부른다
꽃잎 가득 모아 솔솔 날려 보내는 고사리손
하얀 좁쌀 꽃 앞에 소곤소곤 꽃과 노는 아이
고운 동심한테 왔다가는 여린 봄에게 핑크빛 입맞춤
봄아봄아 맑은 동심의 마음까지 흔들어 놓고 가는
너의 뒷모습

봄날에서 봄날

봄 부르러 실개천 따라 걷는 길 산등성이 너머
골짜기 따라 은은한 바람의 향기
메마른 가지 흔들어 깨워 놓으니 커다란 숨소리
물기 올라 살랑살랑 봄 향기에 흠뻑
방글방글 피어나는 완연한 봄소식
무거웠던 겨울은 잊은 체
어느새 꽃잎들은 한장한장 펼쳐 올려 여름을 부르네

작렬한 태양 뚝뚝 떨어지는 땀방울
억수같이 퍼붓던 소나기 뒤에
쌍무지개 그려놓고 요란 떨다 떠나간 태풍이
숨 가빴던 뜨거운 여름은 서서히 뒷걸음
가을 단풍길 위에 부지런히 살았다
하늘 한번 쳐다보고
파란 하늘가 띄워놓은 마음

회색빛 겨울 무거웠다 했던 말
그 말은 접어 두어야지 하얀 겨울은 휴식의 선물인 것을
초록초록 한벌 차려입고 먼 길 돌아
노란 손수건 분홍 손수건 흔들고 오는 봄
다시 오월 모란 앞에서
완전히 떠나보내기 아쉬운 봄 노래
영랑님의 모란을 읊으며 꽃잎 위에 살포시 올려놓은 나래
내년 춘삼월 보자는 약속 잊지 말아요

기지개 활짝

알람 소리 어김없이 새벽 정시간 눈을 뜨게 한 새소리
꿀잠에서 기지개 활짝 커다란 원 그리며
하루일 차례차례 팔베개 위에 기지개 따라 엮어놓고
바빠진 봄 돌보기 베란다 정원의 꽃들도 봄이 되니
매일 다르게 피어나는 꽃봉오리 꽃잎마다 아침 기지개
촉촉한 물 한 모금 찾는다

무거웠던 겨울 한 겹씩 벗겨내는 화원의 아침 햇살
꽃잎 위로 살포시 내려앉아 조곤조곤 사랑의 입맞춤
봄 한가운데 나른한 오후 무거워오는 눈꺼풀 내리깔고
기지개 나래 위에 봄이 넘실넘실 산 넘어 강 건너
살랑살랑 오는 봄내음 에너지 모아 올봄도
찬란한 꽃들과 새소리 핑크빛 첫 계절을 맞는다

아지랑이 피어오더니

잡힐듯 잡힐듯 아른아른 오더니
어느새 저만치서 나폴나폴
팔랑팔랑 멀어져간 아지랑이 햇살 좋은 날 다시 올 때까지
서성서성 얼마나 얼마나 애태웠는지
그립던 님의 전령 오다가 그만 잘못 든 다른 길로
움츠린 어깨

바람처럼 사라진 허전한 마음 자취도 없이
뜨락에 서서 아지랑이 그리다 기다린 시간
가물가물 저 산 아래 양지바른 묘지 위에
아른아른 놀고 있는 아지랑이 멀리서 보아도
위로의 날갯짓
나폴나폴 춤을 춘다 나 여기서 쉬다 놀다 간다고

춘삼월인데

파릇파릇 설레는 싱그런 봄 향기
빼꼼히 초록잎 돋아나와 재잘재잘 봄 노래 산새 소리
재 너머 갑작스레 자북히 보이지 않는 산허리
시뻘겋게 머리 풀어 헤치고 마구마구 산 타고 들 넘어
들이닥친 화마
아늑한 동네 꽃 자랑삼아 옹기종기 어제만 해도
평온한 춘삼월

땅인지 내인지 허둥허둥 몽땅 두고 빠져나온 몸 하나
보이는 건 사방 재 덮어쓰고 드러누운 검은 산등성이
생전 보지도 듣지도 평시를 뛰어 넘어버린
아~아 소리 없는 메아리 그만 고개 돌려 흐르는 눈물
망연자실 숯이 되어 쓰러져 누워버린 소나무 곁에서

파릇이 재를 뚫고 돋아난 새싹 재롱 속에
내려앉은 가슴 눈물 거두고 보니
잿더미 속에 피어난 노란 민들레 분홍 벚꽃
다시 봄 노래 들려오는 무지개 언덕 산허리마다 둘러치고
버들피리 소리 들려오는 동향의 봄 소식

봄 기다리는 과수원

산산한 가을바람 물들어가는 단풍 따라
사과밭도 울긋불긋 색 들어가는 시절
발갛게 조랑조랑 땅을 보고
이제 내려 올 때가 되었다는 빨간 신호
그렇게 열매 다 내려놓고 앙상한 가지만 휑하니
겨울 속으로
종일 홀로 그 자리 듬직한 앞산에 기대어
냇물 소리 졸졸 얼음 속 흐르는 자장가 깊은 겨울잠

새봄 기다리는 가지 위에 꽃순 터져 나오는 봄소식
사과꽃 만발한 하얀 꽃 대궐 탱자나무 곁에 오얏꽃도 방실
배시시 쏙 내민 솜털 입고 영글어가는 풋사과
뜨거운 햇살 양껏 받아먹고 무럭무럭 가을을 향하여
새빨갛게 샛노랗게 늘어진 가지마다 익어가는 가을
과수원 가득 입안 가득 사과향기를 먹는다

> ⇦ ※2025.3. _ 갑작스런 산불로 긴장의 긴 시간을 보낸 춘삼월,
> 동향에 계신 모든 분들께 위로의 인사드립니다.

철쭉아

봄 되면 어느 꽃보다 더 일찍 온통 핑크로 물들여지고
너 자랑해 주기 바빴던 봄
삼복더위 앞에 견뎌내기 그리 힘든 줄은
속세를 뒤로 메말라 가는 가지 붙잡고
가지마라 가지마라 흔들어 깨우는 아침
한철 더 너의 생명 간절히 혹시 하는 마음

숨 쉬고 있을 너의 뿌리에 한가닥 기대
이 아쉬움 그냥 보낼 수 없어 너 한 잔 나 한 잔
막걸리 한모금으로 달래보는 심정
꽃이 지고도 사철 푸르른 생기 몽땅 내려놓은 자리
너의 빈 자리 무엇으로 채우나 아무 생각 없이 멍하니
오로지 찬란한 핑크빛 너의 생각
삼복 그런 찜더위 말고 덜 더운 여름을 부른다

25년 동안 너, 자랑해 주기 바빴던 봄
이제 너의 빈 자리 무엇으로 채우나

풀꽃

이랑 따라 일어난 들풀의 반란 며칠 멀다 하고
나물 밭인가 분간이 안 가 앞다투어 헤집고 나온
잡초 속에 가련히 피어나온 풀꽃
뽑힐라 파랗게 질려 수풀 뒤에 숨어 주거니 받거니
입씨름 전쟁
뙤약볕 아래 범벅이 된 땀방울
푸르른 신록 한아름 끌어안고

울타리 작은 풀꽃 돌아서기 바쁘게 어느새 꼼지락꼼지락
서늘서늘 가을바람에도 보란 듯 둑방길 따라 사방 피어
비단 꽃길
수수하니 들 향기 가득 품고 풀잎 끝에 대롱대롱 깜찍
이슬 눈망울
잡초라 한무리에 몰아붙인 미안한 마음
더 곱다 말해주고 싶어

풀꽃에게 살며시 다가서서 달래보는 말
봄부터 웃어줄 걸
이제는 아껴아껴 보기로 새끼손가락 약속
풀꽃들에게 속삭이는 말 눈에 넣어도 아프지 않아 순한 꽃
알알이 여물어가는 씨주머니 풀잎 위에 또르르
초롱초롱 아침이슬 머리에 이고 웃고 있네

꽃무덩이

야트막한 뒷산 꽃 병풍 둘러 쳐놓은 작은 골짜기
소나무 사이 빼곡빼곡 한 자랑 뽐내고 피어난 참꽃밭
울긋불긋 곱게 물들여진 소녀의 가슴에도 불긋불긋
재잘대는 새소리 또래들 웃음소리
참꽃밭 합창 소리 산골짝 따라 메아리 울려 나가고

앞서거니 뒤서거니 한아름씩 아름드리 꽃가지에 묻혀
굴러오는 꽃덩어리 산길 따라 무덩무덩 무리지어
수북수북 항아리 꽃병 가득 꽃항아리 앞 지날 때
발그레 분홍 물든 상기된 얼굴
두근두근 뒷산 진달래밭에 가 있는 핑크빛 소녀의 마음
오래 전 일이 여직도 올 봄날의 일인 듯이

앞산 나리꽃

촉촉이 안개비 내리는 울창한 앞산마루
이제쯤 올 때가 됐는데 그렇지 빗물
머금은 채
파르르 손짓해 부르는 초록 사이
주홍빛 나리꽃
작년에 놀다간 자리 다시 피어나
살며시 내민 얼굴
까만깨 송글송글 점순이 친구 손 잡고 찾아온 참나리

당당한 자태 날씬한 몸매 가는 줄기 따라 산들산들 날갯짓
주홍빛 물든 초록 사이 홍일점 살랑 바람 타고
보일 듯 가려진 얼굴 갸웃갸웃 고개돌려 숨바꼭질
보고도 보고도 나리꽃 놓아주기 싫어 오늘도 눈도장
손 흔들어 보내야 할 다시 기다려지는 여름

꽃밭

수레 가득 꽃모종 꽃밭자리 오래 두고 보아도 여리여리
피고지고 피고지고 싫증나지 않는 가슴에 담긴
이 꽃 저 꽃 온갖 꽃
손꼽아 꽃 심은 자리 소망 입김 가득
흥얼흥얼 콧노래 흙냄새 꽃밭 가득 내려진 사월의 노래
나리싹 땅 뚫고 꼬무락꼬무락 파릇파릇 돋아나는
두근두근 상사화 한발짝 가까이

발그레 내민 고사리손 작약 모란 둘이 손잡고
울렁울렁 흔들리는 꽃심
가장자리 졸망졸망 채송화 꽃자리
울타리 따라 맨드라미의 갈채
종일 꽃처럼 환하게
날아온 나비 팔랑팔랑 춤추고 놀다간 작은 화원
손가락 위에 올려놓은 꽃반지 화사한 웃음 보내는
소녀 얼굴

호박잎 뒤에 숨은 애동이

자고 나니 한길이 쭉 슬그미 초록 손바닥 펼쳐 들고
하늘 가려 담장 위로 하염없이 그것도 모자라
감나무 타고 하루가 다르게 거침없이
휘감아 돌고 돌아 잡을 수 없이 에따 어디까지 가봐라
여린 호박잎 몇 장 따다 모락모락 쪄낸 잎사귀
입안 가득 복스러운 불안에 절로절로 콧노래

호박잎 뒤에 반들반들 애동호박 보일듯 보일듯 숨바꼭질
파란 고명으로 한껏 뽐내고 식감 올려주던 매력 덩어리
뜨거운 태양 마음껏 받아안고 향기 품은 속살
가을바람에 둥글둥글 황금비단 옷 단장
깊은 단맛 들어 몰래 익어가는 풍성한 가을의 기쁨
시렁 위에 방실방실 환한 웃음 깊어가는 가을 이야기
애동이가 주고 간 황금 선물

구월의 연가

벙글벙글 무궁화꽃길 따라 힘차게 펄럭이는 태극기
팔월의 파란 하늘가 광복의 기쁨은 잠시
어수선한 코로나19 서서히 지나가나 빼꼼히 내다보니
다시 돌고 돌아오는 기로에 서서
근질근질 몸 따로 마음 따로
구월은 오고 있는데
스멀스멀 구월의 냄새 여름인가 가을인가
쓸쓸히 다가온 밤공기 살결 위에 스치고

산이슬 머금은 숲속 막바지 여름 보내기 바쁜 풀벌레
목청껏 소리 높여 못다 부른 팔월의 노래
소프라노 알토 한창 무르익어 가는 숲속
또르륵 귀뚜라미 맴맴이 합창 어우러진 낮과 밤
가을은 여름 지나가는 길목 어디에 비켜서서 기다릴 테지

간절기 홑이불도 한철 구월 앞에 곱게 접어두고
해준 것도 없는데 기분 좋은 고마운 구월의 선물
무엇도 다 해줄 것 같은 입꼬리는 벌써
가을 하늘가에 걸리어
가득 피어나는 국화향기는 두 배의 선물
자유로운 외출을 꿈꾸는 구월의 연가

국화 앞에서

가을이 되면 가두어 두고 싶은 코끝에 스치는 그윽한 향기
찬란한 노란 물결 황금색 비단길
화사한 노란 국화 앞에서 눈부시어 멈추어진 걸음
한참을 말 걸어보다 말고 어느새 겸손 앞에
고개 숙여 오는 향기

노란 국화꽃 한다발 공손히 감싸 안고 가을이 다 가기 전
먼저 가신 그리운 임께 바치고파 들어찬 마음의 향기
기도에 넣어 여기서나마 고마웠다고 미안했다고
한아름 가득 가을향기의 편지
국화 앞에 서 있으면 여려지는 여전히 한결같은 이유

시월 예찬

풍경만으로 배불렀던 폭신폭신 고운 색
내려앉은 단풍길
가지 끝자락 붙잡고 내려앉기 싫다고
떼쓰는 아이처럼 대롱대롱 걸린 단풍
알록달록 오래 보아도 좋을 명화처럼 시월을 붙잡고 싶어
잉크 빛 하늘 새하얀 구름 너울너울 붓이 가는 대로
어느 손길도 해낼 수 없는 천상의 화원

가을바람이 만들어놓은 한 폭의 유화
자연이 입혀준 고운 색 보라면 어떻고 검으면 검은 대로
가을은 말할 수 없이 아름다운 찬란한 빛깔
하트하트 그려 보내야 할 아쉬운 손짓
아낌없이 불러보는 시월 예찬
가지 끝에 멈춘 눈길 참 곱게도 물들어 주고 가네
시월의 만추 뒤에
가을 냄새 놓치기 아까워 깊게 마시는 숨 소리

아름다운 강산

울긋불긋 사방 둘러친 병풍 사이
우뚝우뚝 쏟아질 것 같은 기암괴석
어느 석공이 세월에 담아담아 내어놓은 놀라운 걸작품
한 점 한 점 세월의 무게 이겨낸
거룩한 대단원의 장막은 내려지고
호수 위 뱃머리에 서 있는 나그네는 어찌할 줄 몰라
즐거운 비명

메아리는 멀리멀리 굉장한 울림 동굴 안 놀라운 함성
모두가 주인공
장구한 세월 너럭바위에 날아와 쉬다간
선명한 나뭇잎 자국
잘방잘방 용의 발자국 고인 물 수억 년의 흔적
작아진 마음 오랜 시간 앞에 전율이
대자연이 빚어준 선물
가슴안에 눈 속에 예찬예찬 아름다운 비경

억새밭 길

포근포근 보드라운 손짓 무엇하나 얽매임 없이
살짝살짝 볼 위로 스치는 새하얀 고운 손
그냥 좋아라 순한 양이 되어버린 억새밭 길
아드막한 능선 따라 하염없이 펼쳐놓은 하얀 실크의 물결
여럿이 걷는 길 와락 한아름 얼싸안고 하얀 청춘의 노래

이렇게 저렇게 감동의 물결 입 다물 줄 모르고
하얀 꽃밭 길 여유로운 걸음과 동행 조곤조곤 걸어주는 말
너랑 나랑은 말하지 않아도 들리는 속삭임
사랑해 하트 보내는 억새꽃들의 입김
살포시 코끝에 스치어 멀리서 보아도 한들한들
보드라운 손짓

마른 잎새

활력이 충만한 잎새 가지마다 자랑스럽던 푸르름
울창한 숲 여름 지나 물색 옷 갈아입고
살랑살랑 손짓해 부르던 날 엊그제
가벼운 날갯짓 바스락바스락 잿빛되어
하늘로 땅으로 이는 바람에 그대로
맡겨버린 영혼

정직하게 자연으로 돌아가는 시간
그리도 곱게 타오르던 애기단풍 안고
손끝에 마음 끝에 걸린 가을 겨울 재촉 신호 보내고
떠나간 마른 잎새 한없이 홀가분하게 자유롭게 훨훨
회색빛 구름 너머 파란 하늘 손짓해 부르는 듯이
빠른 걸음 바람 타고 멀리멀리 보이지 않을 때까지
목 빼 들고 보다가 감아버린 눈

십일월의 봄

가을걷이도 거반거반 갈무리 끝자락 십이월이 내일모레
한철 건너 봄이 되어 온 것처럼 옥탑 위에 올라
눈부신 십일월 파란 하늘 여름 바닷가 하늘 위에 올려놓고
흰 구름 그늘 되어 눈부심 가려주고
길가에 피어나 방긋 웃는 장미꽃 철모르고 피어났구나

예뻐예뻐 말 걸어주고 이런다는 것이 그다지
샐쭉 고개 돌린 장미 너 잘못은 아니니 웃자
목 언저리 촉촉이 젖어 드는 땀방울
십일월의 길 위에 뜨거운 태양 헷갈리는 계절
어지럽게 다가온 겨울 길목에 들어온
봄아 너의 계절을 찾아 나서야지

앙상한 가지

한껏 울창하던 잎들의 향연 찬바람 타고
허공을 모두 떠나 가버렸다
가지 사이 훤하게 드러낸 차가운 찻길
찬바람 가르고 쌩쌩 바삐바삐 스산한 겨울
막달 십이월의 마무리
삼백육십오일 종점이 코앞에 눈 속에 바람 속에 여민 옷깃

긴 겨울 한 몸살 앓고 나서 긴 호흡 온몸 불살랐던
어둠에서 툭툭 털고 일어나
정월 설 보내놓고 분주한 새 옷 갈아입기 한창
가지마다 파릇파릇 희망찬 봄을 위하여
들마다 산길 따라 봄 냄새 바람 타고
앙상한 가지 시침 뚝 떼고 초록초록 살며시 곁으로

3부
서울 온 문동아

우리들 이야기

도도한 새침데기 새하얀 카라의 물결 상록수 둘러친
교정의 뜰
얌전도 잠시 발랄한 수다쟁이
야단법석에 놀라 푸드덕 날아간 까치 삽시간에 웃음바다
교정은 금세 출렁이는 파도의 물결
생에 단 한 번 올까 말까 특별 보너스
꿀밤 한 대도 그냥 통과 세상 나 몰라라
어깨 위에 올려놓은 도도쟁이

우리들 세상 그때로 돌아가 보는 여정
향나무 사이 키대로 내민 얼굴 가짓껏 멋 내기
반들반들 빗질한 단발머리 허리 살짝 옆으로 돌려놓고
눈으로 눈으로 짚어가는 추억의 사진
재잘재잘 메아리쳐 들릴 것 같은
푸르른 교정의 잔디밭 우리들 부르는 손짓

서울 온 문동아

멋모르고 호호 깔깔 친구 희망 사항 같은 반 단짝
시시덕 철없던 동심 여섯 해는 훌쩍
상급학교 다른 교정의 문으로
소녀와 소년은 그 길로 어쩌다 짤랑짤랑 학교 가는 읍내길
오다가다 마주한 얼굴
가물가물 잊혀져 살다가 고향 1번지가 찾아준 동창회
너무 오랜만인데 떨리는 만남 알아볼까 들어선 교정
자그마한 정다운 교실 정다운 얼굴

인생 2막 서울 온 문동이 덕수궁 돌담길 정겨운 걸음걸음
소싯적 어제 같은 옛이야기 익어가는 시간
늘어나는 흰머리 백장미 한 송이씩 받아 꽂고
아름답게 내려오는 길목
하얀 코수건 꼬꼬마 앳띤 그 모습 깔깔대다가
나 여기 두고 어느새 칠십리 길 위에 서 있나
아주 곱게 물들여 놓은 샛노란 단풍길
칠십 문동들 가슴에 오색무지개 같이 걷는
아름다운 여정

백야의 소녀

들어선 교정 꽃밭 자리 가운데 마주한 백옥같은 천사
다소곳이 반겨주는 하얀 챙모자 사이 비친
여리여리 고운 살결
수줍은 미소 무릎 위에 살포시 펼쳐 든 백과사전
조용조용 담담히 읽어 내려가는 자태
소녀 곁으로 살며시 기대어 나도 너가 되고 싶어

오랫동안 멀리서 언뜻 보고 지나 보낸 길
가까이서 본 첫 대화
늘 그 자리 하얀 세라복 입은 천사
언제 말 한번 걸어보나 그만그만 여태까지
새싹에게 희망도 꿈도 듬뿍 뿌려주네
한결같은 메시지 교정의 선구자
반짝반짝 별이 빛나는 밤
달맞이꽃 환한 웃음 받아안고 티 나게 돋보이는
백야의 소녀

죽마고우

너와 나 첫정 너의 자리 당당히 지켜온 오래된 정
서랍마다 예전 냄새 그대로
따라와 준 책장 너도 예전 모습 그대로
곁에 있어 든든히 지켜주는 야무진 책장
유행 지나 어쩌나 갈 길이 다를 줄 알았던 예전 생각
가슴 철렁
많은 이동에도 꿋꿋이 따라와 준 튼튼한 다리

보고도 보고도 모자라 쓰다듬어 안고 그 마음 처음처럼
시간 속에 약해진 너의 모습 아가처럼 살살
여닫는 손잡이 손때 묻어 반질반질
먼지 탈라 매매 닦고 닦고
자랑인 너와 나 죽마고우 오래 있어 준 중후한 너의 멋
봐도봐도 싫지 않은 무엇과도 바꿀 수 없는
최고의 벗 최고의 자랑

통학생과 대합실

가물가물 멀리서 들려오는 기적소리
덜 깬 잠 실눈 뜬 채 눈 비비고 주섬주섬
부시시한 아침 얼굴 헐레벌떡 밥 한술 뜨는 둥 마는 둥
동당동당 빨라진 발걸음 젖은 애교머리
재잘재잘 단발머리 소녀 비누냄새 솔솔 퍼지는 대합실

차창 밖 손가락 사이 스치는 시원한 바람
아카시아 꽃향기 아침 눈을 뜨게 하는 청량제
초롱초롱 빛나는 눈빛
하굣길의 여유 아카시아 이파리 낙하놀이
가위바위보 한잎 떨어져 갈 적마다 가슴 철렁
아슬아슬 새가슴 되어 움찔 멀어져간 기적소리 뒤로
플랫폼에 남기고 온 재잘거림 빠져나간 통학생
고요한 대합실 빈자리만 덩그러니
또 내일을 기다리는 역사

어제 같은 우정

살다가 살다가 이런 변고가
바이러스에 갇혀 오랜만의 약속
콩닥콩닥 설레이는 밤 먼길 마다하지 않고 온다는
어제 같은 우정
들뜬 마음 수화기 선 따라 전날 먼저 마중 나온 희야
다음 배웅은 꼭 그 자리 보자는 약속
시린 가을하늘 선물 받은 은총의 날
숙이 뒤에 하야 저기 오고 있다

변함없이 잘 있어 준 우정
반가운 만남 꼭 잡은 팔짱 인사
플라타너스 나무 아래 따끈한 차 한 잔
그립던 옛 추억 한장한장 찻잔 속에 띄워 놓고
이어지고 이어지는 중년의 아지매
깊게 우려진 속말
어느새 시간은 째각째각 해 넘어 가는 줄 모르고

해 저녁 헤어지기 아쉬운 만남 토닥토닥
어깨 위로 손 인사
오래 손잡고 못다 한 이야기 또 보자는 우정
손 흔들어 배웅 걸어가는 뒷모습 보이지 않을 때까지
한참 눈을 떼지 못하는 다정한 풍경
마음 안에 고스란히 담아 넣고 자박자각 웃고 오는 길

수학여행

토함산 돌아 불국사 석굴암 경건한 어린양들의 숨소리
긴가민가 집채만 한 왕들 무덤 만장같이 넓은 잔디밭
능선 돌아 한 바퀴 입 다물지 못하고 어리둥둥
호루라기 확성기 앞에 오글오글 귀 쫑긋
훗날 역사의 땅 밟았노라 커진 자부심

돌방돌방 내민 얼굴 옥신각신 도토리 키재기
역사의 향기 물씬 확실한 낙관 찍고
한숨 돌려
아스라이 수평선 너머 바다는 잊은 채
하늘이다 달려간 모래밭 하얀 물거품 푸른 바다
하늘이 되었던 혼자만의 천지창조
아득하나 수학여행에서 소녀의 뒷모습 눈에 선하다

희미한 약속

몇 해 못 본 낯선 얼굴 풋풋한 이름표 달고 온 소년
도시로 이사 간 글동무
오래 전 작별인사 어느 때 만나자는 약속
어색한 말 대신 요들송 한자락 뒤에 미소로 답가
다시 본 말쑥한 그 청년
많은 시간은 흘러 까맣게 잊어버린 희미한 약속
꿈 찾아 살다가 살다가 수화기 너머 점잖은 목소리

중년의 흰머리 반백의 시간 손가락 사이
그려지는 한 페이지
활짝 피어난 백합화 가슴에 머물렀던 콩닥콩닥
그 여학생 그 남학생
가물가물 요들송 메아리 되어 들려 올 것 같은 들녘
들국화길 따라 걸음걸음 희미한 생각에 갈대 하나 꺾어
휘휘 저으며 웃음 보낸다

처음 본 꽃처럼

그 집 앞 흙담 길 따라 양지바른 삽짝문 담벼락에 기대어
서글서글 웃고 서 있는 참한 노란 삼잎국화
곁에 다가가 한 송이 잡고 콧등 위에 간질간질
은은한 향기 고요히 내려놓은 마음
온화하고 여리여리 순한 꽃 환하게 보듬어 주었던
이쁜 화분에 담겨 있지 않아도 꾸미지 않아도 멋이냐는

휜칠 커버린 키 끄나풀 허리 동여매고 산들산들
두 팔 벌려 한아름 봉글봉글 노란 꽃송이 잡고
설레는 마음
국화꽃 향기 스쳐 나는 삼잎국화 때 묻지 않은 정겹던 추억 몽땅 쏟아내는 너의 모습
너만의 향기로 너만의 모습으로 불러주던 너
어디에 피어 있어도 옛일 그립게 하는
처음 본 꽃처럼

어디에 피어 있어도 옛일 그립게 하는 참한 노란 삼잎국화

향수

서쪽 하늘 가로질러 우뚝 구봉산 아홉 봉우리
품 안에 성스럽게 잡은 의로운 터
봄 들녘 앞치마 허리춤에 둘러차고 끊어 담은
푸릇푸릇 마늘쫑
고향 들머리 들어서자 알싸한 향내 폴폴
코끝에 간질간질 육쪽 한지마늘 고향의 향기

가닥가닥 작은 소망 하나씩 야무지게 엮어진 새끼줄
너 소망 나 소망 합하여 두둑이 한 줄 엮여놓은 밧줄
풍년 기원 축제 가슴마다 응원의 향연
동부야 서부야 이겨라 이겨라 아이 동심 어른 동심 잔칫날
줄당기기 고향이 들썩들썩 우렁찬 함성
구봉산 초록 잎들 화르르 손 흔들어 힘 보태 오고

이어받은 축제 이어온 유산 구봉산 아래 널찍한 냇가
자르락 자르락 자갈 밟는 소리 우렁찬 함성
그날을 외쳐 불러 세계가 들썩들썩 최강 컬링
여리여리 예쁜 청춘 팀킴태극기 높이높이
빛나는 매달 가슴가슴 금빛 물결 얼싸안고 들썩들썩
고향이 웃었다 구봉산이 웃었다

아직도 너는 여섯 살

똘방똘방 생글 맑은 눈망울 아침나절 깔깔 웃고 놀던
이쁜 너를 보고
탈래탈래 자갈길 따라 걷는 길
옆집 할매 싸늘한 한마디 가시나야
어서 걸어라
한 옥타브 높은 소리 철렁 슬픔이 눈물이 한숨이
온 집을 덮쳐버린 어두운 먹장구름 고요히 흐르는
침묵만이 훌쩍훌쩍 적시는 콧수건

슬픔은 뒤로 하고 가당치도 않은 하얀 얼굴 하얀 무명옷
노랗게 물들어버린 하늘
손짓해 부르는 노랑나비 흰나비 따라 알지 못하는 곳으로
작은 이슬로 가버린 반백 년 훨씬 가고도
가슴속에 묻고 있는 아직도 너는
여섯 살 예쁜이
다 가져가지 못하는 한점 너의 향기 잊지 못해
널 보면 셀 수 없는 별만큼 이야기꽃
색실에 엮어 수놓아 보자

접시꽃 손님

누군가 엿보기라도 한 것처럼 간질거리는 얼굴
보일듯 보일듯 부엌 창 너머 서로서로
까치발 마주한 접시꽃
깜짝이야 붉어진 얼굴 감싸 안고
두어 알 안고
어느 꽃밭 가던 길 담장 아래 쉬어 갈 참에 눌러앉는 자리
다소곳이 담장 위에 볼그레 귀티나게 피어올라

갓 지은 구수한 이밥 냄새 솥뚜껑 열 때마다 윙크로
한 스푼
밤이슬 먹고 내일은 성큼 더 많은 꽃송이 피어나
붉디붉은 고운 드레스 차려입고
어제보다 한 걸음 더 가까이
꼬물꼬물 작은 접시꽃 데리고 올 것 같은
보드라운 입김으로 부엌 창가에서 마중 인사
내일이 기다려지는 이 밤

아슬아슬

하늘 아래 제 잘났다 제 자랑 가히 쓸데없는 소리
어디서 그런 용기 부끄러운 줄 모르는 가인
아슬아슬 아침 새가 들을라 저녁 쥐가 들을라
철렁 쓸어내린 냉가슴 천지 분간은 어데로
어쩌자고 어쩌자고 감아버린 눈
예감 뒤에 숨어 숨어 드러나온 한숨 덩어리

인내해 준 정 온데간데없고 입으로 잘라 먹는 저 가인
돌려놓을 수 없는 통제 불능 기고만장이 선을 넘어
간신히 끼워 맞춘 평행선 웃음 지어 가려놓은 일상
처음 그려진 밑그림 더할 것도 뺄 것 없이 드러낸 진실
기대는 저만치 아슬아슬 본 대로 보여 준 것이 가슴 시려
뒤돌아볼 겨를없이 침묵 속에 고요히 숨어든 긴 숨소리

야생화

돌 틈 사이 찬란하게 피어난 꽃송이
그저 놀라움의 눈 맞춤
눈 속에 바람 속에 초라한 모습은 보이지 않아
흙 한 줌 없는 자리 돌 틈 사이 야무지게 가지마다
웃고 있는 꽃송이
입김 속에 고개 살랑 먼지 바람 걱정 앞에
살포시 지푸라기 올려두고

보일듯 보일듯 실눈 뜨고 방긋 어제는 구름 따라
오늘은 바람 따라
팔랑팔랑 당당히 나부끼며 건네주는 인사
봄날에 보자는 약속 남겨두고 온 자리
마디마디 실한 줄기 믿고 돌아서온 발걸음
야생화보다 더 약해진 야생화를 보고 온 사람

참새와 매미

저들만이 놀이터 숱한 나무 두고 한더위 자리다툼
질투의 입질 팽팽한 기 싸움 이런 난리가
편 지어 쩌렁쩌렁 우겨대니 어째
참새와 매미 사이 깍두기 신세 듣다 말고
몰래 내다보다 구경꾼은 웃음만이 답 짓고 이게 무슨 일

일찍이 땅 속에서 알아 온 맴맴이 인내
미련 없이 건너 나무 찾아 뒤돌아보지 않고 날아간 자리
한풀 꺾인 멋쩍은 참새 썰렁 못내 아쉬워 짹짹 작은 소리
작렬한 햇살 자유로운 맴맴이 합창
오늘따라 밉지 않아
차츰차츰 절친되어 뜨거운 합창 노래 들려오는
시원한 느티나무 아래서 기다리는 그 날이 같이 웃는 날

트리하우스

포근히 안긴 콘크리트 벽 층층이 나의 집 너의 집
보이는 창마다 하늘풍경 초록 잎 가득 채운 그림 풍경
사뿐사뿐 계절마다 새 옷 갈아입고
작품 한 점 내어주는 언덕 위에 하얀 전원 블루밍a
트리하우스 이름표 달아 주어도 좋을 만큼

창 너머 내다보이는 고물고물 집들 사이
흐르는 냇물 다다른 맑은 호수 속으로 퐁당퐁당
찰랑찰랑 눈부신 잔물결 위에 살짝 놀다간 하얀 달아
석양이 내려앉아 출렁이는 금빛 물결
푸르른 숲길 아늑한 전원 매일매일 블루밍a

이름값 톡톡히 새 옷 갈아입은 아름다운 블루밍a
산들산들 바람 속에 충실했던 하루 내려놓은 안식처
코끝에 스미는 솔향기 산향기 꼭 잡아두고
오래오래 있어 달라 바람에게 초록 잎들에게
아랫마을에서 들려오는 도시의 바쁜 숨소리

사랑초 사랑

꽃받침들의 날갯짓 온종일 꽃들을 위하여 팔랑팔랑
여가 없이 바빴던 한나절 해 저녁 그제야 한숨 돌려
오작교 건너 은하수 저녁 길

입 모아 속삭속삭 애정이 뚝뚝
사랑초잎 사랑은 유난히도 유난해
두 손 꼭 잡고 예쁜 입맞춤
꽃들은 깊은 잠 속으로

살며시 실눈 뜨고 훔쳐보다 그만
아침 햇살에 상기된 얼굴

언제언제 새침 떨더니 파르르 떨려오는 목소리 발그레 귀여운 윙크 꽃 피우기 위해 화르르 타오르는 잎들의 수고 오늘도 어제처럼 사랑초 사랑은 여전히 핑크빛 찐사랑
　꼬무락꼬무락 곱게도 피어나는 어여쁜 꽃송이를 위하여

바람 속에 눈 속에

유난히도 은빛 가루 솔솔 풍년 펑펑 풍년
어제는 진눈깨비 뒤따라 사그락사그락 폭신폭신
깊은 발자국
며칠 못가 보이지 않는 길 어지간히 와야 마중할 텐데
또 눈이야 밉상 지을라 조금만 조금만
 그제는 살짝 미워 꼬집고 달아나고픈 마음이

대신 바람 불어와 눈가루 이리저리 흩날려 뿌려지고
너울너울 춤추며 살포시 내려앉던 자리
그래도 본성은 해맑은 눈빛 언제나 동심
왕 꽃송이 만들어 소망 하나 꽃잎 한 장 한 장 위에
꾹꾹 새겨놓은 사랑의 이름표

은빛 가루 속으로 불어넣은 입김
두 손 잡고 호호 기다리는 풍년
입춘 언니 눈 속에 바람 속에서 얼얼얼
구름 걷고 나온 보름달 환희의 모습 지닌 채
은빛 물결 위에 벙긋이 웃음 짓고 내려보는 하얀 거울

산 도랑물

산 도랑물 산 향기 품고 놀며 쉬며 초록 풀잎 사이로
골짝골짝 가재와 놀다 놀다 어리둥둥 마주친 냇가
어디서 온 도랑물 친구 손 잡고 자갈돌 굽이돌아
잔잔한 냇물 위에 휴식 나불나불 춤추고 놀자 오는 나비
나물 바구니 냇물 위에 동동 얼싸안고 뱅뱅 실컷 놀다
일어선 자리

재빠른 돌 수제비 잠방잠방 물결 위에 장난꾸러기
발그레 비친 진달래 꽃송이
노란 산수유 버들강아지 배시시 입가에 미소 머금고
살랑살랑 냇물 되어 강 따라 긴 여정
아직도 졸졸졸 산 도랑물 소리
가만히 가만히 시냇물 따라 돌아눕는다

동해의 푸른 물결

밀려오는 파도의 노래 동해 식객도 흥얼흥얼
노래 한가닥 바다 위에 띄우고
대답 대신 하얀 물거품 발가락 사이로 간질간질
기상을 알리는 눈부신 아침햇살
홀로 등신불 되어 서 있는 촛대바위에 걸터앉아
갈매기 한 쌍 끼룩끼룩 힘찬 에너지 동트는 아침 노래

동해 푸른 바다 금빛 물결 찬란한 만선의 기쁨
눈부신 은빛 비늘 육지 구경 반짝이는 눈빛
팔딱팔딱 등푸른 생선 용왕님 주신 선물
우뚝 선 촛대봉 용서의 촛불 하나 올려두고
돌아서 오는 발걸음
수평선 넘어 불어오는 바람 산넘어 고갯길
차츰차츰 멀어져간 동해
아른거리는 푸르른 바다 눈 앞에 일렁일렁

4부

순명의 꽃

열두 광주리

복잡해지는 머릿속 먼 데서 들려오는 울림
고작 물고기 두 마리 빵 다섯 개 오천 명이 먹고도 남은
열두 광주리
어떻게 어떻게 묻다가 그만 영원 속으로 헤메이다
돌아서서 오 하늘이여 이렇게 되는 일은 무엇입니까
그만 무릎 꿇어 버린 고요한 적막 깊은 묵상에 깨어

째깍째깍 시계 소리 기적의 시간 날마다 우리 곁에
멀리서 찾아 헤매는 어리석음
진리 앞에 순리 앞에 묵묵히 사라지는 원동력
더 늦기 전에 깨달아 가는 은총의 선물
소중한 인고의 열매 기적은 진작부터 살그머니 곁에 와
배려의 정 남겨진 가득한 열두 광주리의 진실

에덴동산

유혹에 빠져 복을 내던져 버렸으니 이를 어쩌나
그저 주신 세상 하나뿐인 동산
너의 십자가는 마땅한 것 또 다른 어린 양들은 어쩌라고
선과 악 사이에 헤메이는 삶의 현장
오롯이 떠안고 살아야 할 숙제

돌아가지 않아도 되는 길 눈앞에 두고
돌아가자 하니 쉬 고단한 길 위에 내던져진
무거움
야무진 꿈동산 다시 지어 올려 너랑 나랑 손잡고
여기가 새로운 에덴동산
꽃 심자 나무 심자 꾸며가는 재미

흠뻑 웃음 지어 보내올 것 같은 예감 무지개 넘어
가물가물 귓가에 울려오는 음성
보기에 참~좋다

둘이서 둘이서 거기에 정 붙이고 잘 놀다가
다시 천상의 길에서
꿈을 먹고 달달한 말씀 먹고
행복한 여정 고마운 여정 만들어 가는
여기 에덴동산

순명의 꽃

   기다림의 갈증 은은히 들려오는 찬양 노래 복닥복닥 임시 거처 꿈의 무대 앞으로 앞으로
   지어올릴 하느님의 집 단단한 각오 올려 맨 어깨
   커져가는 일심 뜨거운 땀방울 묵주길 따라 알알이 피어나는 꽃송이
   따사롭게 안아주는 성초 성스러운 불꽃
   아퀴나스 목자님 능력 위에 온전히 따라나서는 기흥 양떼
   새 성전 앞으로 설레임 걸음걸음 날마다 맑고 밝은 미소

   커다란 은총 너에게서 나에게 건너가는 기흥 공동체
   영원히 우리 사는 집 첫삽 위에 올려진 흙 냄새
   이웃에서 들려오는 칭찬 기적의 영양제 듬뿍듬뿍
   기쁨 채우고
   반짝이는 눈빛 타오르는 열성 하나에 돌을 찾아나서는
   순명의 꽃
   산고 끝에 우뚝 다가선 튼튼한 반석 튼튼한 성전
   튼튼한 목자 튼튼한 믿음 은총의 선물
   한아름 가득 안고 함박웃음 어린아이처럼
   성전 가득 하늘 높이 퍼져가는 찬양 노래

현민수 (토마스 아퀴나스) 신부님! 기흥 양들의 목자님!
영육 간의 건강하시기를 기도합니다.

등불

갈피 잡지 못해 술렁술렁 이는 마음 언저리
있을 것 같은 무언의 길 따라 좀 쉬어가라는 이정표
아름드리 나무 아래 자리하고 포근히 안아주던 안식처
헤메일까 손잡고 마음 잡아 주던 손길
오로지 나약한 어린 양들의 구원자

그 길 끝에 마중 나온 님의 등불 알알이 맺혀진
감사의 열매
찬란한 당신의 발자취 지혜의 품속
사랑 받기 위해 걸어온 길
말씀 위에 또 무엇이 이 것만으로 충분한
출렁이는 마음 부여잡고 다시 길을 나서는 어린 양

바람이 하는 말

덥다덥다 목 언저리 땀수건 올려놓고
순간 선한 바람 다정히 말을 걸어온다
더위 위에 살짝이 바람 실어 보내니
같이 좋다고 짓던 표정
그렇게 땀방울 거둬놓고 머잖아 찬바람 인다고
춥다고 원성원성
몰아붙이기 여러 번 그래서 속상한 마음이라고 샐쭉

이럴 때 살짝이 다른 곳으로 갔다 와서 하는 말
어떤 때 어느 계절이 와도 여기나 거기나 사연은 매한가지
똑같은 한목소리 말하지 않아도 알 것 같은 심정
여운을 남긴 채 휭휭 너울너울 바람이 이는 대로
바람이 올 때까지 기다리는 땀방울
예쁘게 불러보는 바람아 바람아 지금은 어디쯤에서

전설의 노래

산길 따라 촉촉이 내려앉은 아침 이슬 길
톡톡 굴러온 도토리 걸음 앞에 또르르 저만치 가서
뒤돌아보고 데굴데굴 앞선 걸음 따라오라는 손짓
천등산 굽이돌아 금봉아씨 마중 길
봇짐 뒤에 도토리묵 달아 보낸 배웅 인사
온다는 약속은 잊었나 길 떠난 도령 기다린 하세월
자꾸만 자꾸만 하염없이 깊어지는 수심

가랑머리 처녀 가슴앓이 무거운 한숨 이제나저제나
공연히 애태우는 울고 넘는 박달재
별이 쏟아지는 밤하늘
천등산 금봉이를 위하여 모두가 불러주고 불러주던
위로의 찬가
깊은 산 속 맑은 숨결 온다던 도령 기다리는 아씨
사랑만이 남긴 자취
고요히 흐르는 노래만이 메아리 되어
청정 숲길 밤하늘 반짝반짝 별빛만이 헤이는 밤

조각 비누

돌방돌방 동글이와 네모 색색향기
선반 위에 나란히
체리향 딸기향 내려주고 빼꼼히 내미는 얼굴
매끌매끌 요리조리 숨바꼭질
손가락 사이 간질간질 놀다가 잡힐듯 잡힐듯
속만 태우다 미끄럼타고 잡지 못해 놓쳐버린 빈 손

쓰다가 쓰다가 달아진 꼬마비누 눈에서 멀어져간
보글보글 하얀 거품 풍성히 일어주고 잡기도 좋았던
반듯반듯 야무진 처음처럼 고운 향 내음
동글이 네모랑 손 잡는 날 선반 위에 나란히 마주친 눈길
예전에 맡아본 향기 돌방친구 네모 얼굴
손끝에 솔솔 향기 기분 좋은 만남

지구는 아프다

흐르는 땀방울 덥다 덥다 용감하게 말할 자신
점점 작아지는 목소리
지구에 산다는 이 것만이 답이 아니다 엄습해 오는 예감
시원한 대답 대신 우물거리고마는 변명
뜨거운 입김 폭폭한 숨 쉴 때마다
강 건너 그 집 본래 모습 간데없고
넘실넘실 굽이도는 황톳물 잘라먹은 강둑
가슴 때리는 뜨거운 눈물

장대비 그만그만 손짓은 아무 소용 모르고
휩쓸고 간 텅 빈 자리 검게 타버린 상처
덮친 데 덮친 손에 넣을 것 하나 없는 빈손
잠시 거센 바람 잠잠한 빗방울 두근두근
놀란 아픔 내려놓고
요란한 대단원의 막은 내려지고 남겨진 숙제 앞에 무엇을

먼 하늘만 훔쳐도 훔쳐도 눈물인지 빗물인지
하늘을 보나 땅을 보나 사방 일그러진 성난 얼굴
허둥허둥 당장 각성의 시간 순리 따라가는 지구 앞에
역행하고만 뜨겁게 달아오른 붉은 얼굴
아픈 지구에게 두 손 모아 또렷한 춘하추동
염치없는 부탁을

은빛 여정

다소곳이 기도 손 여민 마음 옷깃 동여매고
또박또박 한 목소리
우리들 교정 신나서 배우는 성경공부
이천 년 전 길 따라
가물가물 떨려오는 놀라운 역사 앞에
선생님 칭찬 먹고 피어나는 미소
기부 천사 날개 위에
은빛 여정 상아탑 문예 문인 아름답게 피어나는 꽃

성화 그림 고운 붓질 은빛 여정 캠버스 화가
곱게 빗은 은빛 머릿결 반짝이는 사랑의 눈동자
은은히 들려오는 하모니카 선율 따라
먼 곳에서 추억이 추억이
마치 강언덕 너머 들려오는 메기의 노래
은은히 귓가에
두런두런 식사 한자리

감사 한 스푼 더해진 훈훈한 정
들려오는 음성 언제나 청춘 사랑한다 은빛 여정
나의 친구
망토 속에 감싸여 수줍어 웃고 있는 은빛 소녀

무한리필

흐뭇한 정 덜 먹어도 배부른 맛 배부른 정
마음 따라 손이 가는 셀프접시 받쳐 들고
이만한 후한 배려 웃음 한 접시 더하여
말끔히 비워낸 하얀 접시
행복 두 배의 맛 무한리필
훈훈한 글씨 위에 새겨넣은 미소
가지런히 맛나게 담겨진 넉넉한 찬기마다

푸근한 미소 담겨 임을 위해 소담소담 색색이 방실방실
찾아오는 이 바쁜 젓가락 기분 좋은 손님맞이 무한리필
싱글싱글 내일 찾아오는 가벼운 발걸음
단짠잔짠 바쁜 손놀림
넉넉한 후덕한 인심 너 좋아 나 좋아
기분 좋게 나서는 노포의 정

간이역

고불고불 숲길 지나 산길 숨어나 있는 철로
사위가 고요한 작은 꼬마 간이역 안아주고파
따뜻한 정 모두 어디로
하얀 시멘트벽 덩그러니 녹슨 난로 우두커니 옛날 그 자리
인적은 드문드문 온기 없는 대합실
차가운 긴 나무 의자 홀로 슬며시 슬며시 바라보는 창가

마지막 손님은 언제쯤 떠났는지
서행해 오는 운반 열차
간이역 거쳐 철컥철컥 뒤돌아보지 않은 채 떠나가고
그래 낭만이라 이름 붙여놓고 휑 한자리 뒤로하고
타박타박 느린 걸음 산노래 들노래 낭만과 손잡고
따사로운 햇살 안고 철길 따라 훤히 보이는 읍내
머잖아 한 걸음 더 자그마한 도란도란 마실 건너 마실
구불구불 숲길 뒤로하고 걸어 나온 간이역

스카프 두르고

볼 위에 스치는 실크의 잔물결 봄바람에 날리어
노랑나비 폴폴 봄 나래 위에 실려 봄나들이 가잔다
갈색 가을바람이 그립던지 팔랑팔랑 스카프 위에 살포시
따스하게 물들여진 꽃무늬 고이 접어 내일이 기다려지는

스카프 두르고 외출 바람 따라
파르르 물결 이는 파도의 노래 설레는 밤
허전한 목 언저리 작은 목수건 옷깃 세워 사뿐사뿐
스카프 위에 바람의 시샘 흘러내린 끝자락
자꾸자꾸 어깨 너머 눈길이 자유롭게 살랑살랑 춤을 추고
따라서 오네

언제 온 줄 모르고

똑똑 나의 봄 친구 두드리는 문소리
붉게 물들여 주던 연년이 화사한 핑크빛
새 옷 입은 첫 손님
아침 인사 돌반이 원탁으로 불러준 청춘의 봄
사랑 머금고 만발한 꽃송이 가득 채운 뜰
바삐 가는 봄 이야기 긴 시간 이어지고

보내기 아쉬워 보고 보고 눈이 시리도록
이 봄은 뒤숭숭 코로나19 봄 언제 온 줄 잊은 체
돌아서 보니 듬성듬성 몇 송이
쓸쓸히 지고 가기 바쁜 뒷모습 미안한 마음
양분의 물을 건넨다
다시 기다리는 봄 만발한 핑크빛으로 보자는 약속
삼월 청춘의 노래 사월 꽃 노래

언덕 위에 파란 물결

옹기종기 서로에게 기대어 따스한 정
고스란히 담겨진 울타리
파란 하늘 더하여 눈부신 파란 모자 이어 쓴 지붕
앞집 뒷마당 뒷집 앞마당 이마 맞대고 사이좋은 사이
담벼락에 불어넣은 온기 피어난 꽃봉오리
날아앉은 새들의 잔치 활짝 펼쳐 올린 평화의 날갯짓

방글방글 웃음 걸린 좁다란 숨바꼭질 골목길
눈부신 조명 꿈틀대는 창작이 넘실넘실
꿈이 익어가는 동네 북적북적 청춘들이 모여와
뿌려진 에너지
아스라이 언덕에 피어나는 파란 물결
넘실넘실 물결치는 감천마을 반짝반짝 빛나는 밤거리

다락방

살금살금 편지 한장 들고 계단계단 다락방에 올라
채광창 햇살 손짓해 푸르른 앞산 창 가득히
채워 놓은 풍경
멀리 아홉 봉우리 구봉산이 턱 하니 지붕 위에
걸터앉아 쉬어가는
손에 잡힐 듯 눈을 뗄 수 없어 오붓한 시간 마음 나눈 자리
문살 사이 들어온 세상 단 하나 따사로운 빛으로

고소한 냄새 두리번두리번 손님맞이 오색전
눈이 번쩍 꼴깍꼴깍 침 넘어가는 소리
축날까 눈 요기 코 호강 내려오기 싫은 다락방 밀실
새끼손가락 걸고 약속 비밀 하나쯤 지켜줄 것 같은
그 재미
마음 한켠에 자리잡은 자그마한 안식처

속수무책

작정 앞에 와르르 무너져 내린 속수무책
바로 눈앞에 몇 걸음 앞에 두고 닫쳐버린
눈 감은지 하루 못 있고 무엇이 그리 급하여 못 본 임종
함께했던 긴 시간 모든 것 어둠 속으로
비정한 선택 그것만이 답이었나 마지막 길 앞에

꼭 그것만이 답이었나 그러면 못써요 그러면 못써요
잔인한 작정 앞에 할 수 있는 건 오직 눈물범벅
하염없이 하염없이 허공으로 허공으로
미안해요 인사 죄송해요 인사 외로이 홀로 서서
부르는 이름
잘가요 잘가요 목놓아 부르는 통곡의 메아리
들으신다면 여한은 없어요 그것만이 바램입니다

미처 몰랐습니다

눈앞에서 하나씩 사라지는 허전한 발치자리
터벅터벅 어머니 생각 기운없는 발걸음
걸음걸음 뚫어져라 땅만 보고 아버지 생각
불편한 기색 알아채지 못한 내가 미워집니다
돌아서 보니 이미 저 멀리 텅빈자리 가슴 저린 넋두리

보고도 잡지 못한 이 바보 돌려버린 고개
이~하고 자랑하던 시간은 훌쩍 엮어보니 이제는 내 자리
먹먹해져 오는 마음 다시 써 내려가는 이력서
미처 몰랐습니다 금세 오고야 마는 것을
썰물 뒤에 물끄러미 순리라고 일러주는 팻말

니 맛도 내 맛도

앙꼬 빠진 주인공 시무룩 왠지 재미없는 맛
따끈따끈 붕어빵 달달한 팥소 한 스푼 눌러 넣은
통통 뱃살
앙꼬 품은 붕어빵 실눈 뜨고 껄껄껄 웃음 담뿍
조연으로나 주인공으로나 너 없이 나 없이 무슨 맛
니 맛도 내 맛도 못 내는 어설픈 씁쓸한 맛

옆자리에 부스럭부스럭 심드렁 건빵봉지
두리번두리번 슴슴한 이 맛 어디 보자 주섬주섬 구석자리
깜짝 별사탕
촉촉이 요동치는 침샘 입안에서 사그락사그락
요런 행복 요런 단맛 당 충전 고개 춤이 절로절로
별 품은 건빵봉지 주인공이 웃었다
조연 별사탕 너도 웃었잖아
별 품은 건빵 앙꼬 품은 붕어빵 우리는 단짝

산동네

호젓한 산등성이 양팔 벌려 포근히 안긴 동네
널찍한 돌섶 위에 와스락 와스락 곱게 말려가는 빨간 고추
마당 한자리 들깻단 고소한 향내
그냥 지나지 못하고
눈인사 손 인사 담장 둘러 타고 커가는 다래넝쿨
아직 덜 익은 다래 한입 물고 반눈 감은 채

좁다란 산길에서 만난 깜짝 손님 후두둑 지나가는 소나기
쪼개진 햇살 따라 처마 아래 영롱한 물방울
무지개 피어나 싱그러운 오후
빗물에 젖은 머리 말려주는 고마운 산바람
이 많은 풍경 가득 안고 내려온 산동네
먼 옛날 동화 속 주인공이 다니던 산길 따라
오늘은 나도 주인공이 된 것처럼

5부

안경 위에 돋보기

아리랑 길

숨이 턱턱 목까지 세갑절이나 유난히도 많이 나는
달리는 기차 시원한 바람 지나가는 우거진 숲길
손짓해 부르고
수수하니 변함없이 서 있는 자그마한 기차역
추억이 되어 안겨 와
겹겹이 밀려오는 산등성이 마치 신들과 함께
넘어 넘어 아리랑 길
전신 맑음 신호 오아시스 유유한 축복의 시간

깜짝 여우비 피해 오래된 역사 카페 라테 두 잔
골라 담은 포즈 한 장 다정한 목소리 하이디라 불러주고
싱긋 웃네요
싱거운 사람 아리랑 길에서 한올림 더한 애칭
월담하고 나온 자리 해맑은 햇살 철거덕 철거덕 달려온 길
저 뒤에 두고
청량제 한아름 넉넉히 받아안고 넘어온 아리랑 길

건배를 부르는 맛

부슬부슬 베보자기에 싸여 구수한 고두술밥 한김
보내는 틈새
슬슬 유혹이 발동 식어가는 채반 위에 살그미
한 줌 쥐고 뒤안 감나무 아래 훔쳐 먹은 달달한 술밥
항아리 들어 순하게 익어가는 동동주 뽀글뽀글
유혹의 숨소리

왁자하니 건배의 잔 돌고돌아 한사발 크게 들이키고
노고에 취해 어깨춤이 들썩들썩 희야 자야를 부른다
이 날의 즐거움이 몇 날 며칠이 즐거우니
동동주가 내 놓고 간 하루의 피로 하루의 정 오래오래

바람 풍선

바람만 먹어도 방실방실 뱃살 종일 팔 벌려 자유로이
찬란한 멋진 춤 눈치 볼 것 없이 시선은 하늘가에 두고
진심을 다해 공손히 머리숙여 깊은 인사
지나가는 길손과 안내의 눈길 윙크윙크 어서 오세요
온몸 다 바쳐 손짓 신호 뱅뱅 돌다 걱정 반 웃음만

내려보고 당당하게 하는 말 바람 불어 좋다는 대답
또 오세요 바빠요 여유로운 손짓 펄럭펄럭 빠이빠이
종일 바람만 먹고도 힘차게 펄럭이는 키 큰 삐에로
삐에로 바람풍선 앞에 삐에로 되어 서 있는
마음 놓지 못하는 길손
바람결에 옷깃 세워 종종걸음 빠이빠이

데이트 부르는 날

송송 빠져나가는 머리카락을 보니
찬바람 이는 가을의 신호
선선한 가을바람 들떠서 가을맞이 꿈꾸던 중에
심쿵 흔들리는 마음 가을에 던져진 한 편의 시를 읽고
그냥 보내기 영~ 집시 여인이 되어도 좋을 하루

기어이 집밖으로 가을은 나가보자고 손잡습니다
한더위에 지친 오랜만에 외출 데이트 부르는 풍경
야심 차게 즐기겠노라 곱게 물든 단풍길 위에
옷깃 휘날리는 가을 바람길 에스코트 받는 여왕 되어
한껏 멋진 가을 데이트 사랑했던 이름들
가을바람 타고 들릴 때까지

술래가 온다

파란 융단 잔디밭으로 동글방 둘러앉아 마주한 얼굴
조마조마 술래는 뱅글뱅글 어질어질 아닌 척 뛰어 돌고
손잡고 부른 노래 저 멀리 퍼져 가는 꾀꼬리 소리
등 뒤에 사정없이 돌아가는 깜짝 도깨비 수건
고요한 숨소리 마음 밭은 콩닥콩닥
살그미 왔다 간 발소리
꼼짝없이 원안으로 들어가 받은 벌칙

고민고민 허리춤은 베베 노래 한자락 대신 도란도란
합창 노래
보들보들 말 없는 수건 앞에 겁에 질린 새가슴
멀리 하고픈 손사래 깜박깜박 동그랗게 뜬 눈 사이
여전히 돌고 돌아 유희는 즐겁고 커다란 원 안에 들어온
이름들
술래가 온다 술래가 온다 등 뒤에 수건 뭉치 숨겨 들고

원두막 집에서 휴식

과수나무 둘러친 탱자나무 울타리 따라
동서남북 사방 선선한 바람 잘 드는
이엉 지붕 고깔모자 받쳐 쓴 원두막 쉼터
청량한 바람 사닥다리 타고 높은 자리
모깃불 피워 올라 밤 벌레 어디라고 얼씬 못하고
저만치서 왱왱

일렁일렁 호얏불 벗 삼아 고요한 휴식의 숨소리
방장 사이 훤히 들어온 달빛 원두막 넘어 동네 안까지
대낮처럼 뿌려진 달빛 하얀 밤 별빛마저 실눈 뜨고
지새이는 하늘가
찬 기운 파고드는 새벽 아침 이불 속 포근한
원두막 집에서 휴식

밀당

탱글탱글 이쁘장한 과일 골라 두고두고 보는 멋
병병이 깊은 멋 곱게 우러나온 이쁜 색
한 멋 근사하게 폼잡고 우쭐우쭐
어느 날 허전해 보이는 투명 애주병
싱글싱글 애주가 능청스런 귀여운 변명
맛봐야 지 맛인지 내 맛인지 봐주는 거 아이가

잘 익어 가는가 맛 보다 몰래몰래 한모금
애주자 찡그린 인상에 애주가 슬며시 두고 간 과실바구니
미워할 수 없는 애주가와 애주자의 밀당
과일주 한 병 선뜻 내어주지 못한 못나버린 애주자
그땐 왜 그랬을까 저려오는 마음
지금이었으면 지금이었으면
주거니 받거니 이야기꽃 익어 갈 텐데

미움도 성냄도

정녕 미워서 미워서였다면 뒤돌아보지 않았을 것을
미움도 성냄도 사랑의 그림자 언제나 그 자리
모래알처럼 서걱거리다가 눈앞에 서면 싱글 웃고 서 있는
미움은 사랑의 경계에서 한숨 돌리고 보니

그새 미움이 보이지 않는 묘약
슬며시 고개 내밀고 보니 미움은 사랑의 씨앗이라고
이름 붙여놓고
이유같지 않은 이유 힘들어 하는 사랑의 진실
정녕 미움도 성냄도 칼로 물 베기
사랑이 숨 쉬는 한 미움은 애교쟁이
끝없이 이어가는 이쁜 전쟁

안경 위에 돋보기

초롱초롱 선명히도 보이던 맑은 청춘의 눈
하늘가 뭉게구름 한 폭의 그림 사방 청명이 들어온 시절
많이도 보고 많이도 쓰고 온 시간 세월은
어쩔 수 없나 봅니다
애써 볼라 용을 써 보나 흐릿흐릿

동글방 초록 돋보기 건너와 어느새 안 경위에 올려놓고
나이 먹었나 수심도 잠시 아니 아니 친구 하자
곁에 두고 소소하게 거드는 내 친구
펼쳐놓은 페이지 따라 한 글자 한 그림
또렷한 사진 속 얼굴
영특한 친구 안경 위에 동글방 돋보기 새 친구

수호천사

가만가만 침묵의 길섶 겨울잠에서 살포시
낙엽 이불 걷고 나와 놀란 가슴 멈춰진 발걸음
솔솔 바람결에 가늘가늘 허리춤
보송보송 솜털 입은 꽃받침 청초한 미소
바람에 맞서 온몸 부여잡고 장하게 피어나와
방긋이 웃어주는 그 이름 바람꽃 그 앞에 떨려오는 손

바람 한 점 허락할 수 없는 등 뒤에 꽃샘바람
입김 불어 호호 숨죽인 채 교교함이 무어라 말할 수 없는 영원히 머물러 이어줄
마주 잡은 손 고이 내려주고 한걸음 뒤에
잊을 수 없는 이름 장하다 바람꽃 가슴안에 새겨넣은
수호천사

잊을 수 없는 이름 장하다 바람꽃

힐링에서 얻은 지혜

땀방울 송글송글 여름 걷어내기 좋은 날
구불구불 산길 따라 어머니 품속 같은 아드막한 암자
툇마루에 쉬어 가는 중생
선명한 하늘가 빨간 고추잠자리 날갯짓
계곡 따라 수평 불어 드는 바람
고단한 영혼 고스란히 내려놓고 휴식의 그네를 탄다

바람꽃 피어나는 산등성이 가물가물
천왕봉이 잡혔다 놓쳤다
오라는 건지 가라는 건지 밀고 당기기 사이
아슬아슬 굽이도는 지혜의 길 오도재
뒤돌아보니 등 뒤로 쉼 없이 따라온 울창한 숲
푸르름으로 피어올라 길 따라 초록 사이 긴 호흡
두고 오기 아쉬운 구부렁길 모퉁이 돌 때마다
자꾸 뒤에서 부르는 손짓 길 위에서 얻은 지혜

화문석 위에 날아든 새

곱게 짜매진 돗자리 원앙 쌍쌍이 난초 사이 물결방석
춤 한자락에 제자리 동동
사뿐사뿐 도포 자락 휘휘 한판 거한 춤 구경
한 폭의 그림 시어에 넣은 장단춤 더위는 얼씬 못하고
달아난 삼복

땀 송글송글 시원한 대방석에 앉아 식혀낸 더위
종재기 찻잔에 포르름 우려낸 댓잎 차 한 모금
갈증은 금세 사라져
화려한 목단꽃자리 날아든 새
잿빛 날개 위에 학춤 싣고
폭폭한 여름 시원한 대자리
한바탕 놀며 쉬며 간 자리

동네 한 바퀴

마당 나와 놀이터 삼아 고물고물
모여 놀던 꼬꼬
해 저녁 두어 마리 보이지 않아 불러도 불러도
기척은 감감
꼬꼬야 찾아 동네 한 바퀴 숨차게 다니다 지쳐
넙적돌 하나 주워 앉아 숨돌린 사이

어디선가 가물가물 들리는 꼬꼬 소리
뒷집 채전밭 제집인 양 세상 모르고 실한 배춧잎
맛나게도 콕콕
여기 있는 줄 까마득
가자고 어르고 졸졸 따라오는 저 번죽이 속 탄 줄 모르고
꼬꼬 너를 찾아 동네 한 바퀴 이웃집 배추 걱정
너 대신 연신 고개 숙인 꼬꼬 주인

뜨거운 함성

쩌렁쩌렁 일제히 들고 일어난 맴맴이 합창
삼복 한가운데 와 있다고 소리소리
덥다 덥다 폭폭한 숨소리 연신 흐르는 땀방울
뜨거운 함성 이열치열 여름한철 더워야 맛이지
당당히 맞서 산다는 의미에 두고

진정 뜨거움의 가치 그래서 더 값진 에너지
불끈 지어 잡은 두 주먹 더워 너 이겨보자
여름 뜨겁지 않다면 싱겁지
머지않아 선선한 가을바람의 축복
풍성한 다음 계절을 누릴 수 있는 승리자의 기쁨
흠뻑 젖은 땀수건 물끄러미 그해 여름이 주고 간
뜨거운 선물

손빨래

쪽빛 하늘 눈 부신 태양 좋은 날 소매동동 걷어붙이고
힘 보태오는 구원투수 도도한 빨래판 한주름 잡고
털썩 한자리 조무락 조무락 손가락 사이
보글보글 뭉개 거품
물속 가르고 오르락내리락 긴 소매 풀어헤쳐 자유로이

세상 모르고 헤엄쳐나와 하늘 향해 두 팔 벌려
바지랑대 높이 곡예사
올올이 숨 들이켜고 그네 타는 나비의 날갯짓
향기는 바람 타고 뽀송뽀송 볼 위로
스치는 옷자락
올망졸망 가지런히 줄지어 너 옷장 내 옷장 찾아 쪼르르

솥적다 솥적다

애저녁 어스름 앞산마루 귓가에 쟁쟁히
구전 속에 서러움 한점 거짓 없이 솥적다 솥적다
여직도 슬퍼서 우나 속상해 속상해 그리 속상해
작은 밥솥 가에 초롱초롱 눈칫밥 고운 새색시 슬며시 뒤로
고단한 삶의 무게 같이 울어보고 같이 웃어보자
아무도 그냥 들을 수 없는 새악시 배고픈 슬픈 사연

덩달아 새가슴 되어버린 공백의 시간
초여름 자북히 내린 안개 속 촉촉이 젖은 산마루
솥적다 솥적다 숨어 우는 소쩍새
억장 무너지는 가난의 설움 말해주나
보릿고개 쥐여준 당초보다 맵던 시절 소쩍새 속마음
아린 가슴 무엇으로
다음은 오월의 장미로 현몽하여 와줄 것 같은 예감

영시의 종소리

다시 오지 않을 작별의 시간 영시의 종소리
여명은 아직 가로등 불 꺼지지 않은 찬바람 이는 새벽길
동편의 찬란한 금빛물결 맑숙한 몸단장하고
기다리는 가슴마다 붉게 타오르는 눈부신 해님
한아름씩 안고 우렁찬 함성 삼백예순오일
새뜻한 첫날의 각오

흐트러짐 없이 소원 불끈 두 주먹 안에 꼭 쥐고
눈부신 하늘가 몽실몽실 자유로이 떠다니는
하얀 조각구름
어떤 것에도 구애받지 않고 유유히
긴 호흡 들이키고 고요히 띄워 보내는 소망
비상하는 새들의 날갯짓 두 팔 올려
힘찬 새 아침
자유를 부르고 평화를 부르고 아침 해는 벌써 중천으로
또각또각 내일을 향해서

바람이 부는 대로

바람만 먹어도 방실방실 뱃살 종일 팔 벌려 자유로이
찬란한 멋진 춤 눈치 볼 것 없이 시선은 하늘가에 두고
진심을 다해 공손히 머리 숙여 깊은 인사
지나가는 길손과 안내의 눈길 윙크윙크 어서오세요
온몸 다 바쳐 손짓 신호 뱅뱅 돌다 걱정 반 웃음 반

내려보고 당당하게 하는 말 바람 불어 좋다는 대답
또 오세요 바빠야 여유로운 손짓 펄럭펄럭 빠이빠이
바람이 부는 대로 종일 바람과 함께 힘차게 펄럭이는
키 큰 삐에로
바람 풍선 앞에 삐에로 되어 서 있는
마음 놓지 못하는 길손
바람결에 옷깃 세워 종종걸음 빠이빠이

❏ 발문

맑고 밝은 그리움과 사랑의 향기들
−김순향 시집 《그대는 향기》를 읽고

김 주 안

(수필가, 문예비전 편집국장)

　김순향 시인의 제2시집 97편의 시편들을 대하면서 반갑고 놀랍다. 문단에 데뷔한 지 5년 만에, 첫 시집을 낸지 2년 만에 제2시집을 탄생시킬 수 있었다는 것은, 시에 대한 열정을 충분히 가늠할 수 있기 때문이다.
　2019년 문예비전 113호 등단소감에 문학은 "젊어서 꿈 많던 시절 책과 같이하면서 글쓰기를 좋아했던 꿈"이었다고 밝히고 있다. 다시 늦깍이 문학에 입문하면서 그는 "시를 창작하는 시간은 가장 행복했던 순간"이었다고 술회하고 있다. 이러한 시인의 감성 기저에는 문학이 늘 그 향기로 자리고 있었다고 여겨진다. 이번 시집을 통하여 다시 한 번 그 열정과 향기를 대하게 된다. 제2시집 《그대는 향기》의 출간을 축하드린다.

　문학은 글에 의해서 세계와 사물을 새롭게 한다. 글은 정

신이 깃들인 집이라고 할 것이다. 김순향의 글들은 맑고 밝은 언어, 그리고 인간과 사물과 자연에 대한 넉넉하고도 넘치는 사랑이 깃들어 있다고 할만하다. 시 쓰는 시초는 거창한데서가 아니라 그냥 스쳐가는 것을 멈추어 서서 보는 정신적 환기에서부터 시작된다. 이러한 면에서 볼 때 김순향 시들은 소소한 일상에서 만나는 지극히 평범한 것들로부터 시작된다. 유년의 기억들을 그리움과 함께 고향집, 아버지, 어머니를 소환하면서 고향을 두고 온 독자들의 감성을 건드린다. 가족과 이웃을 향해 그리고 자연과 사물을 바라보는 눈이 지극히 맑고 밝다.

<그 사람 옆에 이 여자>는 시인이 제2시집을 엮게 된 의도를 집약한 시처럼 보인다. <그 사람 옆에 이 여자>라는 제목을 정한 것도 시인다운 면모를 보이고 있다. "고마워요 감사해요 분명 은총 안에 힘입고 살아온 날 / 흘러온 시간 여전히 멋있어 보이는 그 사람 옆에 이 여자" 평생 버팀목이 되어준 남편을 향한 고마움과 사랑 고백이다. 어떠한 시적 장치에도 가두지 않고 자유롭고 편안한 자리에서 노래하고 있어 스스럼 없이 읽는 이에게 공감으로 이어지지 않을까.

이 시집의 제호로 삼은 <그대는 향기>는 남편을 "그윽한 향기로 그늘이 되어준 안식처"로 표현하였다. 남편에 대한 따뜻한 사랑을 순수한 언어로 함축하고 있다. 이 외에도 시인은 두 딸과 손자녀들을 두고 있는데 이들을 향한 가족 사랑이 두텁다. 사랑하는 가족이 행복의 근원임을 누구보다 잘 알고 있는 넉넉한 시인이다.

<재봉틀>을 통하여 어머니를 반추하며 재봉틀을 돌리시던 유년의 그 풍경 속으로 독자들을 이끌고 있다. <철옹성>에서는 아버지가 딸을 위해 노심초사하시던 모습을 철이 들어 '당신의 넉넉한 사랑'이었다는 것을 깨닫게 된다. <감나무 꽃밭>은 고향집에 키 큰 감나무를 기억하면서 함께 보냈던 유년을 회상한다. 꿈을 심어주고 감꽃을 내어 목걸이를 만들어주던 감나무에 대한 애틋한 기억이 잘 표현되고 있다. "새벽달 놓아주고 먼동이 오는 이른 아침" 이란 싯구는 참신한 시적 감상을 쓰고 있다.

글을 쓰는 이들은 흔히 자연에서 그 새로운 교훈을 얻고 또한 위로와 치유의 길도 찾아낸다. 김순향 시인도 자연에 대한 여러 편의 시를 선보이고 있다. "가을 단풍길 위에 부지런히 살"고 "휴식의 선물인" 겨울을 지낸 후 봄을 맞이한 풍경을 노래한 <봄날에서 봄날>은 우선 제목이 신선한다. <봄 기다리는 과수원>에서는 "종일 홀로 그 자리 듬직한 앞산에 기대어"라는 표현의 발상이 새롭다.

<구월의 연가>는 구월을 "가을은 여름 지나는 길목 어디에 비켜서서 기다릴 테지"라며 표현하였다. <마른 잎새>에서 보면 "손끝에 마음 끝에 걸린 가을"이란 표현 또한 인상적이다. 이렇듯 언듯언듯 보이는 참신한 시적 감상들이 시인으로 하여금 시를 쓰게 하지 않았겠는가 하는 생각을 갖게 한다.

<서울 온 문동아>에서 경북 의성을 고향으로 둔 시인의 학

창시절 풍경을 정겹게 그려내고 있다. "희망 사항 같은 반 단짝"들이며 "짤랑짤랑 학교 가는 읍내길" 같은 정겨운 풍경들이 애틋한 그리움으로 소환되고 있다. 그러한 자신을 그 시절 그 추억 속에 두고 "칠십리 길 위에/가 있나 갸우뚱"이라며 무던한 세월 앞에 서 있기도 한다.

<통학생과 대합실>은 고향 의성에서 안동까지 통학을 하던 시절, 대합실 풍경을 한 폭의 그림을 그리듯 세세하게 묘사하고 있다. 지금도 그 기차는 역사를 향해 천천히 기적소리를 내며 들어올 법하다. <향수>는 시인이 고향을 향한 그리움과 사랑이 더욱 짙게 배어나오는 작품이다. "구봉산 초록 잎들 화르르 손 흔들어 힘 보태고 / -중략- 고향이 웃었다 구봉산이 웃었다"로 마무리한 것이 인상적이다. <산 도랑물>에서는 "아직도 졸졸졸 산 도랑물 소리 / 가만히 가만히 시냇물 따라 돌아눕는다" 시적 표현이 우수하다.

시인은 이렇듯 고향에 대한 아름다운 시간과 공간들이 타지에서의 생활을 넉넉히 이겨낼 수 있도록 힘을 보태준 것이 아닐까 생각해 보게 된다.

4부는 신앙인으로써 절대자에 대한 숭배와 그의 돈독한 믿음의 표상들을 적어 놓은 시들이다. <열두 광주리> <에덴동산> <순명의 꽃> <등불> 외 여러 편들이 신앙시로 연관지어져 있다고 볼 수 있다.

제5부는 시인의 일상사에서 볼 수 있는 소소한 풍경들이 아주 자연스럽게 편안한 자세로 읽는 이에게 다가오고 있다. 그리고 세상을 지내오면서 달관한 그의 밝고 긍정적인 에너

지가 낙천적인 웃음으로 함께 묻어나고 있다. <힐링에서 얻은 지혜>는 "뒤돌아 보니 등 뒤로 쉼없이 따라온 울창한 숲 / 푸르름으로 피어올라 길 따라 초록 사이 긴 호흡 / 두고 오기 아쉬운 구부렁길 모퉁이 돌 때마다" 적절한 시적 표현과 넉넉한 감성을 자아내게 한다.

  시인은 올해로 "칠십 길 위에" 서 있다고 한다. 연륜을 거듭할수록 시를 대하는 태도가 더욱 진지해졌음을 충분히 느끼게 한다. 문학은 자신이 즐겨야 하며 그에 따른 성취감과 카타르시스를 스스로 체험해 가는 것이다. 그럴 때 문학은 좀더 진지하게 곁을 내줄 것이다.
  김순향 시인은 맑고 밝은 시어들로 그리움을 소환하면서 그것들에게 아름다운 향기를 이름하고 있다. "그리움은 우리를 숨 쉬게 하고 끝없이 나아가게 하는 힘"이라고 누군가 말했다. 그의 작품 전편에 걸쳐있는 이러한 그리움과 향기들이 그가 시를 쓰게 하는 힘이 아니었을까. 우리는 또한 나긋나긋하고 향기 가득한 시인의 시들을 통해 세상을 향해 좀더 따뜻한 가슴을 지닐 수 있지 않을까. 다시금 김순향 시인의 "칠십 길 위에"서 엮은 《그대는 향기》 출간을 진심으로 축하드린다.

2025. 11.
"칠십 길 위에 서" 있는 시인을 위하여